W0223052

Héloïse Martel

Croques, tartines et bruschettas

Photographies de Bernard Radvaner

Stylisme de Anne-Sophie Lhomme

© Éditions First, 2008

Le Code de la propriété intellectuelle interdit les copies ou reproductions destinées à une utilisation collective.
Toute représentation ou reproduction intégrale ou partielle faite par quelque procédé que ce soit, sans le consentement de l'Auteur ou de ses ayants cause est illicite et constitue une contrefaçon sanctionnée par les articles L335-2 et suivants du Code de la propriété intellectuelle.

ISBN : 978-2-7540-0631-6
Dépôt légal : 1er trimestre 2008
Imprimé en France par Pollina - n° L45261
Édition : Marie-Anne Jost
Conception graphique : KUMQUAT
Photos © Bernard Radvaner
Pictogramme © Pascale Etchecopar

Nous nous efforçons de publier des ouvrages qui correspondent à vos attentes et votre satisfaction est pour nous une priorité. Alors, n'hésitez pas à nous faire part de vos commentaires :

Éditions First
2 ter, rue des Chantiers
75005 Paris – France
e-mail : firstinfo@efirst.com
Site internet : www.efirst.com

Sommaire

Introduction

Vous êtes gourmand et toujours pressé ? Vous cherchez des idées d'en-cas rapides et savoureux pour calmer vos petites faims ? Vous aimez grignoter en rentrant du cinéma le soir ? Vous voulez recevoir vos amis en toute simplicité ?

Ce livre est fait pour vous mettre en appétit. Il vous propose des recettes de croques, de bruschettas et de tartines à déguster à toute heure, en apéritif, si vous les coupez en petits carrés ou en triangles, en plat principal, si vous comptez deux pièces par personne, en entrée ou en dessert.

Simples à réaliser, rapidement prêts, diététiquement équilibrés, les croques, traditionnellement composé de pain de mie, de fromage et de jambon, leurs cousines italiennes – les bruschettas – et les bonnes tartines qui fleurent bon les souvenirs d'enfance, se déclinent aujourd'hui sur tous les modes.

Le pain de mie laisse parfois la place au pain brioché, au pain d'épices, à de larges tranches de pain de campagne. Les légumes, le poisson, les herbes et les aromates ainsi que des fruits parfumés d'épices apportent des saveurs nouvelles. Jouez aussi sur les formes avec les emporte-pièce pour varier les plaisirs.

Chaque recette vous est expliquée avec clarté et chacune est déclinée avec une variante. Ainsi, vous pouvez laisser libre choix à votre imagination.

La cuisson à la poêle des croques demande un apport important de matières grasses. Nous vous conseillons d'utiliser un appareil électrique qui nécessite très peu de corps gras. L'investissement est minime et vous ne pourrez bientôt plus vous en passer.

Puisez dans ces 52 idées salées et sucrées pour vous régaler à tous les moments de la journée et pour croquer la vie du bon côté !

Bruschetta au bacon et à la concassée de tomates

bon marché • facile à réaliser • préparation : 15 min • cuisson : 30 min • pour 4 personnes

1 casserole
1 toasteur
1 plat à four

4 grandes tranches de pain de campagne
16 tranches de bacon
8 tomates
4 tranches de comté
6 cuil. à soupe d'huile d'olive
2 gousses d'ail
1 cuil. à café de thym
1 pincée de sucre
sel, poivre

1. Pelez et épépinez les tomates, coupez-les en morceaux, mettez-les dans une casserole avec un peu de sel, de poivre, de thym, une pincée de sucre. Pelez les gousses d'ail, écrasez-les au presse-ail au-dessus de la casserole. Arrosez avec 2 cuillerées à soupe d'huile d'olive et faites cuire à feu très doux pendant 20 minutes en mélangeant souvent, puis écrasez à la fourchette.

2. Préchauffez le four, th. 7 (210 °C). Toastez les tranches de pain, badigeonnez-les d'huile, puis tartinez-les de concassée de tomates.

3. Disposez dessus 4 tranches de bacon et les tranches de comté.

4. Mettez au four et laissez cuire pendant 4 minutes, puis passez sous le gril pendant 3 à 5 minutes. Servez chaud ou tiède.

variante

Remplacez le comté par du chèvre ou du fromage à raclette.

truc de cuisinier

Vous pouvez préparer la concassée de tomates à l'avance et la conserver au réfrigérateur ou bien encore la congeler.

Tartine aux Saint-Jacques

assez cher • facile à réaliser • préparation : 15 min • cuisson : 5 min • pour 4 personnes

1 toasteur
1 poêle

8 tranches de pain aux noix

8 grosses noix de Saint-Jacques

60 g de mesclun

1 cuil. à soupe d'huile d'arachide

2 cuil. à soupe d'huile de noix

2 cuil. à café de vinaigre de vin à la framboise

sel de Guérande, poivre du moulin

1 Lavez et essorez le mesclun. Rincez et épongez les noix de Saint-Jacques. Toastez légèrement les tranches de pain.

2 Faites chauffer 1 cuillerée à soupe d'huile d'arachide dans une poêle à revêtement antiadhésif, mettez les Saint-Jacques et faites-les cuire à feu vif en les retournant plusieurs fois pendant 2 minutes.

3 Fouettez le vinaigre et l'huile de noix. Coupez chaque noix de Saint-Jacques en 2 ou 3 lamelles.

4 Répartissez le mesclun sur les tranches de pain, versez un peu de vinaigrette, puis déposez les lamelles de Saint-Jacques. Saupoudrez d'une pincée de sel de Guérande et d'un tour de moulin à poivre. Mettez 2 tartines par assiette et servez immédiatement.

variante

Remplacez les noix de Saint-Jacques par des gambas, et le pain aux noix par du pain au pavot.

truc de cuisinier

Afin de ne pas les abîmer, utilisez un couteau très bien aiguisé pour trancher les noix de Saint-Jacques.

Pita à la libanaise

bon marché • facile à réaliser • préparation : 5 min • cuisson : 3 min • pour 4 personnes

1 mixeur
1 toasteur
1 poêle

2 pains pitas
1 grande boîte de pois chiches au naturel
1 citron
1 gousse d'ail
4 cuil. à soupe d'huile d'olive
2 cuil. à soupe de tahiné
1 cuil. à café de cumin moulu
4 pétales de tomate confite
4 cuil. à soupe de graines de sésame
sel, poivre

1 Pressez le citron. Épluchez la gousse d'ail. Égouttez les pois chiches. Mixez-les avec le jus de citron, l'huile, l'ail, le tahiné, le cumin, un peu de sel et de poivre, pour obtenir une purée homogène.

2 Partagez les pains pitas en deux, passez-les au toasteur.

3 Tartinez généreusement les moitiés de pita chaudes avec l'hoummous. Déposez sur chacune un pétale de tomate confite.

4 Faites griller les graines de sésame à sec dans une poêle à revêtement antiadhésif jusqu'à ce qu'elles blondissent et dégagent leur parfum. Saupoudrez-en les tartines et servez immédiatement.

variante

Remplacez les graines de sésame par des pignons de pin grillés.

truc de cuisinier

Le tahiné, ou tahina, se trouve au rayon « produits exotiques » des supermarchés et dans les épiceries fines.

Tartine de thon aux aromates

bon marché • facile à réaliser • préparation : 10 min • pour 4 personnes

1 mixeur
1 toasteur

4 grandes tranches de pain aux olives
150 g de thon au naturel
60 g d'olives noires
50 g de câpres
1 jaune d'œuf
2 gousses d'ail
6 cuil. à soupe d'huile d'olive
10 brins de ciboulette
sel, poivre

Épluchez l'ail, dénoyautez les olives. Égouttez le thon, placez-le dans le bol d'un mixeur avec le jaune d'œuf, les olives, l'ail, les câpres, un peu de sel et de poivre.

Mixez en ajoutant progressivement l'huile d'olive comme pour une mayonnaise.

Toastez les tranches de pain, tartinez-les avec la préparation, décorez de quelques brins de ciboulette.

Tartine de crevettes au beurre d'ail

coût moyen • facile à réaliser • préparation : 10 min • cuisson : 3 min • pour 4 personnes

1 bol
1 casserole
1 toasteur

4 larges tranches de pain de campagne
20 grosses crevettes roses, cuites
1 échalote
2 gousses d'ail
75 g de beurre mou
4 branches de persil plat
8 brins de ciboulette
sel, poivre du moulin

Épluchez l'ail et l'échalote, hachez-les menu avec les feuilles de persil. Mettez-les dans un bol, ajoutez le beurre, un peu de sel et de poivre. Malaxez l'ensemble à la fourchette pour obtenir une pâte homogène.

Décortiquez les crevettes. Faites fondre le beurre dans une casserole, ajoutez les crevettes décortiquées et réchauffez-les à feu très doux pendant 3 minutes.

Toastez les tranches de pain de campagne. Répartissez les crevettes sur le pain et arrosez d'un peu de beurre. Servez chaud.

Tartine d'œufs brouillés au saumon

bon marché • facile à réaliser • préparation : 15 min • cuisson : 10 min • pour 4 personnes

1 saladier
1 toasteur
1 casserole

4 grandes tranches de pain de campagne

6 œufs

150 g de dés de saumon fumé

4 cuil. à café de crème épaisse

4 cuil. à café d'œufs de saumon

50 g de beurre

sel, poivre

1 Cassez les œufs dans un saladier, salez, poivrez et ajoutez 2 cuillerées à soupe d'eau froide. Battez au fouet et ajoutez les dés de saumon.

2 Faites griller les tranches de pain et gardez-les au chaud.

3 Faites fondre le beurre dans une casserole, versez les œufs, mettez la casserole au bain-marie et faites cuire les œufs sans cesser de fouetter. Dès que les œufs commencent à prendre, retirez la casserole et placez-la sur une surface froide.

4 Répartissez les œufs brouillés sur les tranches de pain. Déposez au centre de chacune d'elles 1 cuillerée de crème, puis quelques œufs de saumon. Parsemez de brins de ciboulette ciselés. Servez immédiatement.

variante

Ajoutez aux œufs des brins d'aneth ou de la ciboulette ciselée.

truc de cuisinier

Servez la tartine avec une salade de laitue assaisonnée de jus de citron et d'huile d'olive.

Bruschetta au chèvre et au jambon de pays

bon marché • facile à réaliser • préparation : 10 min • cuisson : 10 min • pour 4 personnes

1 bol
1 plat à four

2 ciabiattinas

300 g de chiffonnade de jambon de pays

4 fromages de chèvre (rocamadour)

4 cuil. à soupe d'huile d'olive

8 feuilles de basilic

sel, poivre

1 Préchauffez le four, th. 7 (210 °C). Hachez les feuilles de basilic, mettez-les dans un bol avec un peu de sel et de poivre et versez l'huile en fouettant.

2 Coupez les pains en deux, tartinez les demi-pains d'huile parfumée, déposez dessus des lamelles de jambon, puis un fromage. Badigeonnez-les avec un peu d'huile, placez-les dans un plat à four.

3 Faites cuire pendant 5 minutes, puis passez sous le gril pendant quelques minutes supplémentaires pour que le fromage soit bien doré.

variante

Ajoutez dans l'huile au basilic un peu de coulis de tomates, et une gousse d'ail écrasée.

truc de cuisinier

Si les fromages sont très secs, faites-les mariner dans un peu d'huile d'olive 1 heure à l'avance.

Bruschetta tomate-mozza à la roquette

bon marché • facile à réaliser • préparation : 15 min • cuisson : 5 min • pour 4 personnes

1 plaque de four

4 grandes tranches de pain aux lardons

400 g de mozzarella

1 gousse d'ail

12 olives noires

4 cuil. à soupe de câpres

4 tomates mûres

4 cuil. à soupe d'huile d'olive

4 cuil. à café d'origan

1 poignée de roquette

sel, poivre du moulin

1 Épluchez la gousse d'ail, frottez-en les tranches de pain de campagne, arrosez-les de quelques gouttes d'huile d'olive.

2 Coupez la mozzarella en lamelles, répartissez-les sur les tranches de pain, salez, poivrez et saupoudrez d'origan. Déposez les bruschettas sur la plaque de four et passez au gril pendant 5 minutes. Le fromage doit être fondu.

3 Détaillez les tomates en cubes, et les olives en rondelles. Lavez et essorez la roquette.

4 Disposez sur les bruschettas les dés de tomates, quelques feuilles de roquette, les rondelles d'olives et les câpres. Arrosez d'un peu d'huile, donnez un tour de moulin à poivre et servez immédiatement.

variante

Ajoutez des filets d'anchois ou des tranches de bresaola.

truc de cuisinier

Si les olives sont très salées, faites-les blanchir pendant 2 minutes dans de l'eau bouillante, égouttez-les et rafraîchissez-les avant de les couper en rondelles.

Tartine de foie gras à la figue

cher • facile à réaliser • préparation : 10 min • cuisson : 10 min • pour 4 personnes

1 poêle
1 toasteur

4 tranches de pain brioché
4 tranches de foie gras
4 cuil. à soupe de confiture d'oignons
4 figues violettes
40 g de beurre
2 cuil. à soupe de sucre
sel de Guérande, poivre du moulin

Lavez et essuyez délicatement les figues. Faites fondre le beurre dans une poêle, faites dorer les figues de tous côtés en les retournant délicatement pendant 3 minutes. Lorsqu'elles sont dorées, saupoudrez-les de sucre et poursuivez la cuisson pendant 5 minutes pour qu'elles soient caramélisées.

Toastez les tranches de pain et tartinez-les de confiture d'oignons. Coupez le foie gras en 4 tranches d'égale grosseur. Déposez-les sur le pain, parsemez de 3 grains de sel, d'un peu de poivre et déposez une figue coupée en morceaux. Servez immédiatement.

Croque camembert au calvados

bon marché • facile à réaliser • préparation : 15 min • cuisson : 20 min • pour 4 personnes

1 casserole
1 plat à four

8 larges tranches de pain aux céréales
150 g de camembert à point
40 g de beurre
1 cuil. à soupe de farine
10 cl de lait
4 cl de calvados
4 cuil. à soupe de chapelure
sel, poivre

Beurrez légèrement les tranches de pain, retournez-les. Faites fondre le reste de beurre dans une casserole, saupoudrez de farine, mélangez bien et mouillez avec le lait en fouettant jusqu'à ce que la béchamel épaississe. Salez, poivrez, ajoutez le calvados.

Préchauffez le four, th. 7 (210 °C). Écroûtez le camembert, coupez-le en petits dés et incorporez-le à la béchamel chaude.

Tartinez la face non beurrée des tranches de pain avec cette préparation. Superposez-les deux par deux et placez-les dans un plat à four. Saupoudrez de chapelure et passez au four pendant 5 à 8 minutes. Servez chaud.

Tartine à la grecque

bon marché • facile à réaliser • préparation : 10 min • cuisson : 2 min • pour 4 personnes

1 bol

1 poêle

4 larges tranches de pain aux noix

400 g de feta

2 tomates

2 cuil. à soupe de pignons

2 gousses d'ail

4 cuil. à soupe d'huile d'olive

1 poignée de roquette

sel, poivre

1 Pelez les gousses d'ail, écrasez-les au presse-ail au-dessus d'un bol. Versez l'huile d'olive, salez, poivrez et mélangez.

2 Lavez et essuyez les tomates, coupez-les en tranches. Détaillez la feta en lamelles. Lavez et essorez la roquette.

3 Badigeonnez les tranches de pain d'huile parfumée, déposez dessus quelques feuilles de roquette, arrosez de quelques gouttes d'huile, puis ajoutez des tranches de tomate et des lamelles de feta.

4 Faites griller les pignons à sec dans une poêle à revêtement antiadhésif, parsemez-en les tartines.

variante

Ajoutez des olives noires. Vous pouvez aussi compléter avec du jambon de pays coupé en chiffonnade, des rondelles de saucisson ou de chorizo, du thon au naturel. Moins grec, mais très bon aussi.

truc de cuisinier

N'oubliez pas de faire griller les pignons. Ce passage à la poêle leur donne un parfum et un « croquant » très agréables.

Croque-madame

bon marché • facile à réaliser • préparation : 15 min • cuisson : 10 min • pour 4 personnes

1 appareil à croque
des poêles à blinis

8 grandes tranches de pain de mie

4 tranches de jambon blanc

100 g de gruyère

4 œufs

50 g de beurre

1. Beurrez les tranches de pain. Coupez le gruyère en lamelles fines. Coupez chaque tranche de jambon en quatre, enlevez la couenne et le gras.

2. Déposez sur chaque tranche de pain des lamelles de fromage et un morceau de jambon. Assemblez les tranches de pain deux par deux.

3. Faites cuire les croques dans l'appareil jusqu'à ce que le fromage soit fondu et le pain bien doré.

4. Faites cuire les œufs sur le plat dans des poêles à blinis. Déposez les croques sur des assiettes, recouvrez chacun d'un œuf sur le plat, donnez un tour de moulin à poivre et servez.

variante

Remplacez le gruyère par du cantal, de la tomme ou du cheddar, et les œufs de poule par des œufs de caille.

truc de cuisinier

Le pain de mie type américain, aux tranches larges, est idéal pour les croques. Si vous utilisez du pain de mie de boulanger, dont les tranches sont plus petites, comptez 2 pièces par personne.

Bruschetta de crottins au lard fumé

bon marché • facile à réaliser • préparation : 15 min • cuisson : 30 min • pour 4 personnes

1 bol
1 plat à four

4 larges tranches de pain de campagne

4 crottins de fromage de chèvre

1 grosse tomate

8 tranches fines de lard fumé

1 cuil. à soupe de poivre concassé

4 cuil. à soupe d'huile d'olive

sel

1 Préchauffez le four, th. 7 (210 °C). Versez l'huile dans un bol, ajoutez un peu de sel, puis le poivre. Mélangez. Coupez la tomate en 4 rondelles.

2 Badigeonnez les tranches de pain avec la moitié de l'huile poivrée, posez dessus 1 rondelle de tomate.

3 Enveloppez chaque crottin de 2 tranches de lard et déposez-les sur les rondelles de tomate.

4 Arrosez avec le reste d'huile et faites cuire pendant 20 minutes, puis passez sous le gril 5 minutes. Servez chaud.

variante

Remplacez le pain de campagne par du pain aux noix ou aux lardons.

truc de cuisinier

Accompagnez ces bruschettas d'une salade verte aux cerneaux de noix.

Tartine de sardines au citron confit

bon marché • facile à réaliser • préparation : 10 min • pour 4 personnes

1 saladier
1 toasteur

4 grandes tranches de pain de campagne
16 sardines à l'huile
100 g de beurre mou
1 échalote
1/2 citron
4 branches de coriandre
1 citron confit
poivre du moulin

Épluchez l'échalote, hachez-la avec 3 branches de coriandre. Pressez le demi-citron. Retirez la peau des sardines, ouvrez-les, ôtez l'arête centrale.

Mettez tous les ingrédients dans un saladier avec le beurre et un peu de poivre. Mélangez à la fourchette pour obtenir une pâte homogène.

Coupez le citron confit en très petits dés.

Toastez les tranches de pain de campagne, tartinez-les avec la pâte de sardines et disposez dessus quelques dés de citron et quelques feuilles de coriandre.

Tartine de chèvre au miel et aux noix

bon marché • facile à réaliser • préparation : 10 min • cuisson : 8 min • pour 4 personnes

1 bol
1 plat à four

4 tranches de pain de mie complet
4 grosses tranches de chèvre bûche
4 cuil. à soupe de cerneaux de noix
4 cuil. à café de miel
poivre du moulin

Préchauffez le four, th. 7 (210°C).

Concassez grossièrement les noix. Ôtez la croûte du fromage. Dans un bol, mélangez à la fourchette le chèvre, les noix, le miel et le poivre.

Tartinez les tranches de pain avec cette préparation, déposez-les dans un plat à four. Enfournez et laissez cuire pendant 3 minutes, puis passez sous le gril pendant environ 5 minutes. Servez chaud ou tiède avec une salade frisée à l'huile de noix.

Toast bénédictine

bon marché • délicat à réaliser • préparation : 10 min • cuisson : 10 min • pour 4 personnes

1 casserole
1 poêle
1 toasteur
1 plat de service

4 tranches de pain de mie rondes

4 œufs très frais

4 tranches de bacon

1 brique de sauce hollandaise

2 branches d'estragon

1 cuil. à soupe de vinaigre

1 Ciselez finement l'estragon. Faites cuire les tranches de bacon dans une poêle à revêtement antiadhésif sans matière grasse ; réservez au chaud. Faites réchauffer la sauce hollandaise selon le mode d'emploi.

2 Faites chauffer 2 litres d'eau dans une casserole. Dès qu'elle frémit, ajoutez le vinaigre. Toastez les tranches de pain de mie, disposez-les sur le plat de service.

3 Cassez les œufs un par un dans une louche, versez-les dans l'eau frémissante et laissez-les pocher pendant 3 minutes en ramenant le blanc sur le jaune. Retirez les œufs avec une écumoire, et déposez-les sur un torchon plié en quatre pour les égoutter.

4 Déposez une tranche de bacon sur chaque tranche de pain, puis un œuf, et recouvrez de sauce hollandaise. Parsemez d'estragon ciselé et servez immédiatement.

variante

Remplacez le bacon par une demi-tranche de jambon blanc pliée en deux et l'estragon par du cerfeuil.

truc de cuisinier

Pour que la cuisson des œufs soit uniforme, utilisez un appareil spécial œufs pochés, qui comprend quatre louches attachées à une poignée.

Bruschetta aux olives

bon marché • facile à réaliser • préparation : 10 min • cuisson : 10 min • pour 4 personnes

1 bol
1 plat à four

4 grandes tranches de pain aux oignons

200 g de mozzarella

12 olives vertes dénoyautées

12 olives noires dénoyautées

2 cuil. à soupe d'herbes de Provence

3 cuil. à soupe d'huile d'olive

poivre du moulin

1 Versez l'huile dans un bol, ajoutez les herbes et un peu de poivre. Mélangez et laissez en attente pendant 10 minutes.

2 Pendant ce temps, coupez les olives en petits morceaux et détaillez la mozzarella en lamelles.

3 Préchauffez le four, th. 7 (210 °C). Badigeonnez les tranches de pain d'huile aux herbes, déposez des lamelles de mozzarella, parsemez d'olives et arrosez avec le reste d'huile.

4 Enfournez et faites cuire pendant 5 minutes, puis passez sous le gril pendant 3 à 5 minutes pour que le fromage fonde. Servez chaud ou tiède.

variante

Ajoutez des petits morceaux de tomates confites, ou prenez du pain aux lardons.

truc de cuisinier

Utilisez de la mozzarella sèche, en barquette, plutôt que de la mozzarella en sachet, qui rend beaucoup d'eau à la cuisson.

Croque montagne

bon marché • facile à réaliser • préparation : 15 min • cuisson : 20 min • pour 4 personnes

1 poêle
1 plat à four

8 grandes tranches de pain de mie complet

2 oignons

100 g d'allumettes de lard fumé

200 g de fromage à raclette

50 g de beurre

1. Beurrez les tranches de pain sur une seule face. Coupez le fromage à raclette en lamelles fines. Épluchez les oignons, émincez-les finement.

2. Faites dorer les oignons et les allumettes de lard à sec dans une poêle à revêtement antiadhésif jusqu'à ce que les oignons soient fondus et le lard croustillant.

3. Déposez sur chaque tranche de pain des lamelles de fromage et un peu d'oignons et de lard. Recouvrez d'un peu de fromage et terminez par le pain. Recouvrez les croques d'une autre tranche de raclette.

4. Déposez les croques dans un plat à four et faites cuire, th. 7 (210 °C), pendant 10 minutes. Le dessus doit être doré.

variante

Remplacez le fromage à raclette par du reblochon et les allumettes de lard par du jambon de montagne.

truc de cuisinier

Servez avec une salade de feuilles de chêne à l'huile de noisette.

Tartine aux deux saumons

coût moyen • facile à réaliser • préparation : 15 min • pour 4 personnes

1 saladier
1 toasteur

4 grandes tranches de pain de seigle
2 Carré frais
150 g de dés de saumon fumé
150 g de saumon cuit
4 molossols (cornichons doux)
2 branches d'aneth
1 citron
sel, poivre

Pressez le citron. Dans un saladier, travaillez à la fourchette le saumon fumé et le saumon cuit avec les Carré frais, le jus de citron, très peu de sel et du poivre pour obtenir des rillettes.

Coupez les molossols en petits dés, incorporez-les aux rillettes.

Toastez les tranches de pain de seigle, tartinez-les généreusement avec les rillettes au saumon et décorez de brins d'aneth.

Bruschetta de tomate aux câpres

bon marché • facile à réaliser • préparation : 15 min • repos : 2 h • pour 4 personnes

1 saladier
1 toasteur

4 larges tranches de pain de campagne
6 tomates
1 oignon
4 gousses d'ail
6 feuilles de céleri
8 cuil. à soupe d'huile d'olive
4 cuil. à café de câpres
3 cuil. à soupe de vinaigre balsamique
sel, poivre

Pelez et épépinez les tomates. Coupez la chair en petits dés. Pelez et hachez l'ail et l'oignon avec les feuilles de céleri, mettez-les dans un saladier.

Ajoutez les dés de tomate, versez l'huile et le vinaigre, mélangez bien et laissez reposer pendant 2 heures à température ambiante.

Faites griller les tranches de pain, répartissez dessus le mélange de tomates, puis disposez les câpres. Servez immédiatement.

Croque florentin

bon marché • facile à réaliser • préparation : 15 min • cuisson : 20 min • pour 4 personnes

1 casserole
1 plat à four
1 bol

8 grandes tranches de pain de mie complet
4 tranches de jambon blanc fines
4 cuil. à soupe de feuilles d'épinards cuites
4 œufs
4 cuil. à soupe de crème
4 cuil. à soupe de gruyère râpé
50 g de beurre
sel, poivre

1. Faites durcir les œufs à l'eau bouillante pendant 10 minutes, rafraîchissez-les, écalez-les, coupez-les en rondelles.

2. Préchauffez le four, th. 7 (210 °C). Beurrez les tranches de pain. Découennez et dégraissez le jambon.

3. Déposez sur une tranche de pain beurré une tranche de jambon pliée en deux, 1 cuillerée à soupe d'épinards, quelques rondelles d'œufs durs et recouvrez avec une tranche de pain beurré. Renouvelez l'opération pour les trois autres croques. Mettez-les dans le plat.

4. Mélangez dans un bol la crème et le fromage râpé avec un peu de sel et de poivre. Répartissez sur les croques et mettez au four. Laissez cuire pendant 5 minutes, puis passez sous le gril pour faire gratiner. Servez chaud.

variante

Remplacez le jambon par du haddock poché et effeuillé.

truc de cuisinier

Avant d'utiliser des épinards, qu'ils soient frais ou surgelés, veillez à bien les égoutter en les pressant entre vos mains.

Bruschetta au pesto d'olives noires et à la mozzarella

bon marché • facile à réaliser • préparation : 15 min • cuisson : 10 min • pour 4 personnes

1 mixeur
1 plat à four

4 larges tranches de pain de campagne

1 boule de mozzarella

150 g d'olives noires dénoyautées

1 bouquet de basilic

3 cuil. à soupe de pignons

3 cuil. à soupe de parmesan râpé

2 gousses d'ail

8 cuil. à soupe d'huile d'olive

poivre

1. Préchauffez le four, th. 7 (210 °C). Effeuillez le basilic, épluchez l'ail, écrasez-le au presse-ail au-dessus du bol du mixeur.

2. Mixez ensemble le basilic, l'ail, les pignons, le parmesan, les olives, un peu de poivre, en versant l'huile peu à peu comme pour une mayonnaise.

3. Tartinez les tranches de pain avec le pesto d'olives. Disposez-les dans un plat à four.

4. Détaillez la mozzarella en lamelles fines. Disposez sur chaque tranche de pain des lamelles de mozzarella. Passez au four pendant 5 minutes, puis sous le gril pendant 5 minutes supplémentaires. Servez chaud ou tiède.

variante

Remplacez le pesto d'olives par du pesto de poivrons rouges ou de tomates.

truc de cuisinier

Si vous craignez que les olives soient trop salées, faites-les blanchir pendant 2 minutes dans de l'eau bouillante, puis égouttez-les bien avant de les mixer.

Croque tofu

bon marché • facile à réaliser • préparation : 15 min • cuisson : 5 min • pour 4 personnes

1 appareil à croque

8 tranches de pain aux céréales

400 g de tofu

2 tomates

70 g de pousses d'épinard

4 cuil. à café de moutarde forte

4 cuil. à soupe d'huile d'olive

sel, poivre

1 Coupez les tomates en 8 tranches moyennes. Égouttez le tofu, coupez-le en 8 tranches de même taille que les tomates. Lavez et essorez les pousses d'épinard.

2 Badigeonnez les tranches de pain d'huile, puis de moutarde.

3 Disposez sur 4 tranches de pain successivement une tranche de tofu, une tranche de tomate, quelques pousses d'épinard, un peu de sel et de poivre, une tranche de tomate, une tranche de tofu. Recouvrez avec les tranches de pain restantes.

4 Faites cuire les croques dans l'appareil et servez chaud.

variante

Remplacez les pousses d'épinards par des graines germées, que vous trouverez dans des magasins d'alimentation biologique.

truc de cuisinier

Pour couper des tranches de tomate de même épaisseur, utilisez un appareil adapté, appelé « coupe-œufs », en vente chez les droguistes.

Bruschetta au magret de canard

bon marché • facile à réaliser • préparation : 10 min • cuisson : 5 min • pour 4 personnes

1 plat à four

8 tranches de pain complet aux noix

200 g de magret de canard séché

100 g de gorgonzola

4 cuil. à soupe d'huile d'olive

poivre du moulin

Badigeonnez les tranches de pain d'huile d'olive. Travaillez le gorgonzola à la fourchette avec le reste d'huile. Dégraissez les tranches de magret.

Recouvrez les tranches de pain de magret, tartinez de gorgonzola, poivrez, et placez les bruschettas dans un plat à four.

Passez sous le gril pendant 5 minutes. Servez chaud.

Tartine aux truffes noires

cher • facile à réaliser • préparation : 10 min • cuisson : 3 min • pour 4 personnes

1 toasteur

4 tranches de pain aux céréales

80 g de pelures de truffes

4 cuil. à café d'huile d'olive

sel de Guérande, poivre du moulin

Écroûtez les tranches de pain, passez-les au toasteur sans les laisser brunir. Badigeonnez-les d'huile.

Étalez les pelures de truffes sur les tranches de pain, saupoudrez chaque tartine d'une pincée de sel de Guérande et d'un tour de poivre du moulin. Servez rapidement.

Tartine thaïe

bon marché • facile à réaliser • préparation : 10 min • cuisson : 15 min • pour 4 personnes

1 bol
2 poêles
1 saladier
1 toasteur

4 grandes tranches de pain au pavot

2 blancs de poulet

1 cuil. à soupe d'huile de sésame

1 cuil. à soupe de sauce soja

1 citron vert

2 cm de gingembre frais

1 bouquet de coriandre

1 bouquet de ciboulette

4 branches de persil plat

4 branches de menthe

2 carottes

3 cuil. à soupe de cacahuètes nature

1 Pressez le citron vert, mélangez le jus dans un bol avec la sauce de soja et l'huile de sésame. Pelez et râpez le gingembre, ajoutez-le.

2 Faites cuire les blancs de poulet dans une poêle à revêtement antiadhésif à feu doux pendant 10 minutes en les retournant souvent. Coupez-les en petits dés.

3 Rincez et épongez les herbes. Pelez et râpez les carottes. Mettez-les dans un saladier avec les dés de poulet, arrosez de sauce et mélangez.

4 Toastez les tranches de pain. Faites griller les cacahuètes à sec dans une poêle, concassez-les grossièrement. Répartissez la salade de poulet aux herbes sur les tranches de pain, parsemez de cacahuètes grillées. Servez immédiatement.

variante

Remplacez le poulet par des crevettes et les cacahuètes par des graines de sésame.

truc de cuisinier

Cette recette vous permet d'utiliser de façon originale un reste de poulet rôti.

Croque saumon au cumin

bon marché • facile à réaliser • préparation : 15 min • cuisson : 10 min • pour 4 personnes

1 plat à four
1 bol

8 tranches de pain de mie

4 tranches de saumon fumé

100 g de gruyère râpé

4 cuil. à soupe de crème

30 g de beurre

2 cuil. à soupe de graines de cumin

sel, poivre du moulin

1 Préchauffez le four, th. 7 (210 °C). Beurrez les tranches de pain.

2 Déposez une tranche de saumon pliée en deux sur une tranche de pain, saupoudrez de gruyère râpé et de cumin et recouvrez avec une tranche de pain. Procédez de la même façon pour les autres croques.

3 Déposez les croques dans un plat à four.

4 Mélangez dans un bol la crème avec le reste de râpé, du sel et du poivre. Répartissez-la sur les croques et enfournez. Laissez cuire pendant 5 minutes, puis passez sous le gril pendant 5 minutes afin de faire légèrement gratiner. Servez chaud.

variante

Remplacez le saumon fumé par du thon au naturel.

truc de cuisinier

Accompagnez ces croques d'une salade de fenouil râpé, assaisonnée de citron et d'huile d'olive.

Croque chorizo

bon marché • facile à réaliser • préparation : 10 min • cuisson : 10 min • pour 4 personnes

1 appareil à croque

8 grandes tranches de pain de mie complet

4 tomates

200 g de fromage de brebis

12 tranches de chorizo

2 cuil. à soupe d'huile d'olive

40 g de beurre

sel, poivre

1 Coupez le fromage en lamelles et les tomates en tranches fines.

2 Tartinez les tranches de pain de mie de beurre et retournez-les.

3 Déposez sur une tranche de pain quelques lamelles de fromage, quelques tranches de tomates, un peu de sel et de poivre, et 3 tranches de chorizo. Arrosez d'un filet d'huile et recouvrez avec une tranche de pain. Renouvelez l'opération pour les trois autres croques.

4 Faites cuire dans l'appareil à croque jusqu'à ce que le fromage soit fondu et le pain bien doré.

variante

Remplacez le fromage de brebis par de la mozzarella, ou ajoutez quelques lanières de poivron vert et des oignons émincés finement.

truc de cuisinier

Accompagnez ces croques d'une salade de tomates assaisonnée à l'huile d'olive.

Tartine à la crème de roquefort et aux noix

bon marché • facile à réaliser • préparation : 10 min • pour 4 personnes

1 saladier
1 toasteur

4 grandes tranches de pain complet aux noix
200 g de roquefort
75 g de beurre
125 g de cerneaux de noix
4 cl de cognac
poivre du moulin

Concassez grossièrement les cerneaux de noix. Travaillez le roquefort à la fourchette dans un saladier, avec le beurre, le cognac et un peu de poivre.

Incorporez les cerneaux de noix.

Toastez les tranches de pain, tartinez-les avec la crème de roquefort et servez avec une salade verte.

Tartine anchois, tomate et parmesan

bon marché • facile à réaliser • préparation : 15 min • cuisson : 10 min • pour 4 personnes

1 mixeur
1 plat à four

3 larges tranches de pain de campagne
4 cuil. à soupe de tomates au naturel
4 gousses d'ail
5 filets d'anchois à l'huile
12 olives noires dénoyautées
50 g de parmesan râpé
2 branches de persil plat
4 cuil. à soupe d'huile d'olive
sel, poivre du moulin

Préchauffez le four, th. 8 (240 °C).

Pelez les gousses d'ail, écrasez-les au-dessus du bol du mixeur. Ciselez le persil, ajoutez-le ainsi que les tomates concassées, l'huile, un peu de sel et de poivre et mixez pour obtenir une purée.

Tartinez les tranches de pain avec cette purée, déposez-les dans un plat à four.

Coupez les olives et les anchois en petits morceaux, répartissez-les sur les tranches de pain, saupoudrez-les de parmesan et passez sous le gril pendant 5 minutes environ, en surveillant la coloration.

Bruschetta de pesto d'aubergines

bon marché • facile à réaliser • préparation : 20 min • cuisson : 35 min • pour 4 personnes

1 plat à four
1 mixeur
1 toasteur

4 tranches de pain aux céréales

2 petites aubergines

2 tomates

4 filets d'anchois à l'huile

1 bouquet de basilic

3 cuil. à soupe de pignons

3 cuil. à soupe de parmesan râpé

2 gousses d'ail

8 cuil. à soupe d'huile d'olive

sel, poivre

1 Lavez les aubergines, coupez-les en tranches, badigeonnez-les d'huile d'olive avec un pinceau, mettez-les dans un plat à four et faites-les cuire pendant 30 minutes, th. 6 (180 °C).

2 Pelez l'ail, effeuillez le basilic, mettez-les dans le bol d'un mixeur avec les pignons, le parmesan, un peu de sel et de poivre et le reste d'huile. Mixez.

3 Ajoutez les aubergines au pesto, mixez à nouveau.

4 Pelez et épépinez les tomates, coupez la pulpe en dés. Faites griller les tranches de pain, tartinez-les encore chaudes de pesto d'aubergines, disposez dessus des dés de tomate et des anchois. Passez au four pendant 5 minutes.

variante

Remplacez les anchois par des lamelles de jambon fumé.

truc de cuisinier

Si vous êtes pressé, préparez le pesto d'aubergines la veille et gardez-le au réfrigérateur. Vous préparerez les bruschettas en quelques minutes au dernier moment.

Bruschetta bacon et chèvre aux poivrons

bon marché • facile à réaliser • préparation : 15 min • cuisson : 50 min • pour 4 personnes

1 bol
1 plat à four

4 larges tranches de pain aux herbes
8 tranches de bacon
4 crottins de chèvre
2 gros poivrons verts
8 pétales de tomate confite
1 gousse d'ail
4 cuil. à café d'origan
8 cuil. à soupe d'huile d'olive
poivre du moulin

1. Allumez le four, th. 7 (210 °C). Placez les poivrons sur la grille du four et faites-les cuire pendant 40 minutes environ en les retournant souvent. La peau doit devenir noire. Placez-les dans un sac en plastique, fermez-le et laissez en attente 20 minutes.

2. Pendant ce temps, pelez l'ail et écrasez-le au-dessus d'un bol. Ajoutez 4 cuillerées à soupe d'huile. Pelez les poivrons, retirez les graines et coupez-les en lanières. Coupez les chèvres en lamelles.

3. Badigeonnez les tranches de pain d'huile, placez sur chacune 2 tranches de bacon, des lamelles de chèvres et des lanières de poivrons, poivrez et saupoudrez d'origan. Enfournez et laissez cuire pendant 5 minutes, puis passez sous le gril pendant 3 à 5 minutes.

4. Posez 2 pétales de tomate confite sur chaque tartine et servez.

variante

Ajoutez des olives noires, ou encore des poivrons rouges.

truc de cuisinier

Si vous voulez gagner du temps, vous pouvez peler les poivrons avec un couteau économe, mais ils seront peu cuits et donc moins digestes.

Croque brandade de morue à la tomate

bon marché • facile à réaliser • préparation : 15 min • cuisson : 20 min • pour 4 personnes

1 bol
1 plat à four
1 toasteur
1 appareil à croque

8 tranches de pain de mie

300 g de brandade de morue

2 belles tomates

2 gousses d'ail

6 cuil. à soupe d'huile d'olive

16 olives noires dénoyautées

poivre du moulin

1 Préchauffez le four, th. 7 (210 °C). Pelez les gousses d'ail, écrasez-les au presse-ail au-dessus d'un bol. Versez l'huile en filet en fouettant à la fourchette, poivrez.

2 Lavez et essuyez les tomates, coupez-les en tranches fines. Disposez-les dans un plat à four, arrosez-les d'un peu d'huile parfumée à l'ail et faites-les cuire pendant 15 minutes.

3 Toastez les tranches de pain de mie, badigeonnez-les d'huile à l'ail. Tartinez-les généreusement de brandade. Coupez les olives noires en petits morceaux, disposez-les sur la brandade.

4 Déposez les tranches de tomates sur 4 tranches de pain, recouvrez avec les autres tranches. Huilez le moule à croque, et faites cuire pendant 5 minutes. Servez chaud.

variante

Remplacez les tomates par des brocolis.

truc de cuisinier

En épluchant les gousses d'ail, retirez leur germe, responsable de l'odeur prononcée.

Bruschetta d'oignons aux anchois

bon marché • facile à réaliser • préparation : 15 min • cuisson : 30 min • pour 4 personnes

1 sauteuse
1 plat à four

4 grandes tranches de pain de campagne
6 oignons
8 anchois à l'huile
2 crottins
6 cuil. à soupe d'huile d'olive
2 cuil. à soupe d'origan
sel, poivre

1 Pelez et émincez très finement les oignons. Faites chauffer 4 cuillerées à soupe d'huile dans une sauteuse, mettez les oignons, salez légèrement, poivrez, saupoudrez d'origan, et faites-les cuire à feu très doux pendant environ 20 minutes, jusqu'à ce qu'ils soient réduits en compote.

2 Préchauffez le four, th. 7 (210 °C). Coupez les crottins en deux horizontalement.

3 Tartinez chaque tranche de pain de compote d'oignons, déposez dessus 1 demi-chèvre et 2 filets d'anchois.

4 Arrosez avec le reste d'huile et enfournez. Laissez cuire pendant 5 minutes, puis passez sous le gril pendant 3 à 5 minutes pour que le fromage commence à dorer.

variante

Ajoutez des lamelles de jambon ou des lardons ou encore des olives noires dénoyautées.

truc de cuisinier

Vous pouvez utiliser des oignons surgelés, ou encore préparer cette compote à l'avance et la conserver au réfrigérateur ; servez ces bruschettas avec une salade de tomates parfumée à l'origan.

Croque bleu et poire

bon marché • facile à réaliser • préparation : 15 min • cuisson : 8 min • pour 4 personnes

1 plat à four ou 1 appareil à croque

8 larges tranches de pain complet aux noix
4 poires
200 g de bleu de Bresse
100 g de cerneaux de noix
50 g de beurre
poivre du moulin

Préchauffez le four, th. 7 (210 °C). Concassez les noix. Pelez les poires, coupez-les en lamelles.

Beurrez les tranches de pain et retournez-les. Tartinez-les de roquefort, poivrez et disposez dessus des lamelles de poires et quelques noix concassées.

Assemblez les tranches de pain deux par deux, recouvrez le dessus avec le reste de noix et faites cuire pendant 5 à 8 minutes au four ou dans l'appareil. Servez chaud ou tiède.

Croque saumon au cheddar

bon marché • facile à réaliser • préparation : 10 min • cuisson : 5 min • pour 4 personnes

1 poêle ou 1 appareil à croque

8 tranches de pain de mie
4 tranches de saumon fumé
150 g de cheddar
4 cuil. à soupe de crème
30 g de beurre
2 branches d'aneth
poivre

Coupez le cheddar en lamelles, ciselez l'aneth. Mélangez la crème avec un peu de poivre et l'aneth. Beurrez les tranches de pain, retournez-les, côté beurré sur le plan de travail.

Tartinez le pain de crème, puis disposez sur chaque tranche de pain une demi-tranche de saumon et quelques lamelles de cheddar.

Assemblez les tranches de pain deux par deux et faites cuire les croques pendant 5 minutes à la poêle ou dans l'appareil à croque. Servez chaud.

Crostini aux champignons et au carvi

bon marché • facile à réaliser • préparation : 15 min • cuisson : 15 min • pour 4 personnes

1 casserole
1 poêle
1 plat à four

4 grandes tranches de pain complet

100 g de champignons blancs

4 tranches de pancetta

1 oignon

2 cuil. à soupe de graines de carvi

30 g de beurre

3 dl de lait

1 cuil. à soupe de farine

sel, poivre

1 Faites fondre le beurre dans une casserole, saupoudrez de farine, mélangez bien et mouillez avec le lait, salez, poivrez.

2 Épluchez l'oignon, lavez et séchez les champignons, émincez-les. Faites revenir les tranches de pancetta dans une poêle à revêtement antiadhésif pendant 3 minutes en les retournant, puis retirez-les.

3 Faites dorer l'oignon et les champignons émincés dans la même poêle jusqu'à ce que l'eau rendue par les champignons soit évaporée. Préchauffez le four, th. 7 (210 °C).

4 Tartinez les tranches de pain de sauce, recouvrez de champignons et déposez sur chacune une tranche de pancetta puis une lamelle de champignon. Saupoudrez de graines de carvi, mettez les crostinis dans un plat à gratin et passez au four pendant 5 minutes. Servez chaud.

variante

Remplacez la pancetta par de la coppa, ou du jambon. Si vous ne trouvez pas de carvi, utilisez des graines de cumin.

truc de cuisinier

Les graines de carvi sont utilisées en cuisine pour parfumer les gibiers, la choucroute, le munster, et pour aromatiser certains alcools comme l'aquavit.

Croque poulet au curry et ananas

bon marché • facile à réaliser • préparation : 15 min • cuisson : 10 min • pour 4 personnes

1 bol
1 appareil à croque

8 larges tranches de pain de mie

300 g de blanc de poulet cuit

1 petit poivron rouge

8 tranches d'ananas au sirop

2 cuil. à café de curry

40 g de beurre

sel, poivre

1 Lavez et essuyez le poivron, pelez-le et coupez-le en petits dés. Détaillez le blanc de poulet en dés également, et coupez les tranches d'ananas en morceaux.

2 Mélangez dans un bol le curry avec un peu de sel et de poivre, puis incorporez le poulet, le poivron et l'ananas.

3 Beurrez les tranches de pain sur les deux faces. Déposez sur une tranche de pain quelques cuillerées de la préparation et recouvrez avec une tranche de pain. Procédez de même pour préparer les trois autres croques.

4 Faites-les cuire pendant 10 minutes environ dans l'appareil et servez chaud.

variante

Remplacez le poulet par des dés de jambon.

truc de cuisinier

Pour cette recette, utilisez un reste de poulet rôti, par exemple. Si vous faites cuire un blanc de poulet, préférez une cuisson à la vapeur plutôt qu'à la poêle : le poulet sera plus moelleux.

Tartine briochée de crabe à la crème de ciboulette

bon marché • facile à réaliser • préparation : 15 min • pour 4 personnes

1 bol

4 tranches de pain brioché
250 g de miettes de crabe au naturel
4 cuil. à soupe de mayonnaise
1 cuil. à soupe de jus de citron
2 cuil. à soupe de crème
1 bouquet de ciboulette
Tabasco
sel, poivre

Mélangez dans un bol la mayonnaise, la crème, le jus de citron, le Tabasco, un peu de sel et de poivre.

Coupez finement la ciboulette. Ajoutez à la sauce les miettes de crabe, et la ciboulette ciselée. Mélangez bien.

Tartinez généreusement les tranches de pain brioché avec la préparation.

Tartine à la ricotta, au jambon et aux figues

bon marché • facile à réaliser • préparation : 15 min • cuisson : 10 min • pour 4 personnes

1 toasteur
1 saladier
1 poêle

4 tranches de pain d'épices
4 figues violettes
4 tranches très fines de jambon de Parme
100 g de ricotta
4 pincées de piment d'Espelette
4 cuil. à soupe d'huile d'olive
sel

Toastez le pain d'épices.

Fouettez la ricotta dans un saladier avec 2 cuillerées à soupe d'huile, un peu de sel et le piment.

Lavez et essuyez les figues, faites-les dorer à la poêle avec 2 cuillerées à soupe d'huile.

Tartinez le pain d'épices de ricotta, déposez sur chaque tranche une tranche de jambon, puis une figue rôtie.

Croque bananes au chocolat et à la cannelle

bon marché • facile à réaliser • préparation : 15 min • cuisson : 10 min • pour 4 personnes

1 bol
1 appareil à croque

8 grandes tranches de pain viennois
4 bananes mûres
2 cuil. à soupe de cassonade
50 g de beurre
100 g de chocolat noir
2 cuil. à soupe de lait concentré sucré
1 cuil. à café de cannelle

1 Beurrez les tranches de pain de mie sur les deux faces, saupoudrez-les légèrement de cassonade.

2 Détaillez les bananes en fines rondelles, répartissez-les sur 4 tranches de pain.

3 Râpez le chocolat, mélangez-le à la cannelle dans un bol, ajoutez le lait concentré. Versez le chocolat sur les 4 tranches de pain garnies, recouvrez avec les tranches de pain restantes.

4 Faites cuire à l'appareil à croque pendant 5 à 8 minutes. Servez chaud ou tiède.

variante

Remplacez le chocolat par de la noix de coco râpée et la cannelle par du sucre vanillé.

truc de cuisinier

Coupez les bananes juste au moment de préparer ce dessert, car elles noircissent vite au contact de l'air.

Tartine à la ricotta et aux pistaches

bon marché • facile à réaliser • préparation : 5 min • cuisson : 5 min • pour 4 personnes

1 poêle
1 toasteur

4 tranches de pain viennois

200 g de ricotta

4 cuil. à soupe de miel

4 cuil. à soupe de pistaches nature

1. Mélangez la ricotta avec le miel. Puis concassez les pistaches.
2. Faites griller les pistaches concassées, à sec dans une poêle à revêtement antiadhésif.
3. Passez le pain au toasteur. Tartinez les tranches de pain de ricotta au miel et parsemez de pistaches.

variante

Remplacez le miel par du sirop d'érable, les pistaches par des noix de Pécan.

truc de cuisinier

Choisissez pour cette recette du miel liquide de lavande ou d'acacia.

Tartine de fraises cristallisées

bon marché • facile à réaliser • préparation : 10 min • cuisson : 7 min • pour 4 personnes

1 plat à four

4 tranches de pain brioché

100 g de beurre + 20 g pour le plat

4 cuil. à soupe de sucre cristallisé

24 fraises mara des bois

1 Préchauffez le four, th. 7 (210 °C). Beurrez un plat à four.

2 Beurrez les tranches de pain brioché, puis saupoudrez-les avec la moitié du sucre. Déposez-les dans le plat et enfournez. Laissez cuire pendant 5 minutes environ.

3 Lavez les fraises, essuyez-les délicatement et équeutez-les. Coupez-les en deux si elles sont grosses.

4 Déposez les fraises sur les tranches de pain, saupoudrez-les avec le reste de sucre et passez sous le gril pendant 2 minutes. Laissez tiédir avant de servir.

variante

Remplacez les fraises par des figues.

truc de cuisinier

Pour que les fraises ne se gorgent pas d'eau, il est important de les équeuter après les avoir rincées, et non avant.

Tartine aux abricots

bon marché • facile à réaliser • préparation : 15 min • cuisson : 30 min • pour 4 personnes

1 casserole
1 plat à four

4 pains au lait
8 abricots
4 cuil. à soupe de sucre cristallisé
50 g de beurre

1 Lavez les abricots, ouvrez-les, retirez le noyau, et coupez-les en morceaux.

2 Mettez-les dans une casserole avec 2 cuillerées à soupe d'eau et faites-les cuire pendant 20 minutes en mélangeant régulièrement.

3 Ouvrez les pains au lait en deux, beurrez-les, puis tartinez-les de compote d'abricots, saupoudrez-les de sucre cristallisé et mettez-les dans un plat à four.

4 Passez sous le gril pendant 5 minutes environ. Servez tiède.

variante

Remplacez les abricots par des prunes, de la rhubarbe, des bananes. Vous pouvez aussi réaliser cette recette avec de la baguette viennoise.

truc de cuisinier

Choisissez des abricots mûrs à point pour que la compote soit parfumée.

Bruschetta de figues au vin doux

coût moyen • facile à réaliser • préparation : 10 min • cuisson : 15 min • pour 4 personnes

1 plat à four

4 tranches épaisses de brioche
6 grosses figues
4 cuil. à soupe de muscat
4 cuil. à soupe de cassonade
40 g de beurre

Préchauffez le four, th. 7 (210 °C).

Lavez les figues, essuyez-les, coupez-les en tranches. Placez-les dans un plat à four, arrosez-les de vin et enfournez. Laissez-les cuire pendant 10 minutes.

Beurrez les tranches de brioche, répartissez les tranches de figues dessus et saupoudrez de cassonade. Placez sous le gril pendant 5 minutes environ afin que les fruits soient caramélisés. Servez tiède.

Tartine aux noix caramélisées

bon marché • facile à réaliser • préparation : 5 min • cuisson : 20 min • pour 4 personnes

1 casserole
1 plat à four

8 tranches de brioche
150 g de cerneaux de noix
150 g de sucre
4 cl de lait
40 g de beurre

Préchauffez le four, th. 7 (210 °C). Versez le sucre dans une casserole, humectez-le d'eau et faites cuire jusqu'à coloration.

Versez alors le lait, mélangez pour obtenir une pâte souple et incorporez le beurre, puis les noix.

Répartissez la préparation sur les tranches de brioche, mettez-les dans un plat à four et faites dorer pendant 10 minutes.

Croque pommes à la crème

bon marché • facile à réaliser • préparation : 10 min • cuisson : 30 min • pour 4 personnes

1 casserole
1 poêle
1 plat à four

8 tranches de brioche
8 pommes reinettes
50 g de beurre
2 œufs
6 cl de calvados
4 cuil. à soupe de crème épaisse
4 cuil. à soupe de sucre cristallisé

1 Épluchez les pommes, coupez-les en fines lamelles. Faites fondre la moitié du beurre dans une casserole, ajoutez les pommes et faites-les cuire à feu doux pendant 15 minutes en les retournant régulièrement. Écrasez-les grossièrement à la fourchette.

2 Battez les œufs en omelette avec le calvados. Faites fondre le reste de beurre dans une poêle. Plongez les 8 tranches de brioche dans les œufs battus et faites-les dorer à la poêle pendant 5 minutes.

3 Déposez-les dans un plat à four. Tartinez 4 tranches de brioche de compote, recouvrez-les avec les tranches de brioche restantes.

4 Versez la crème sur les croques, saupoudrez de sucre cristallisé, et passez sous le gril pendant 5 minutes, jusqu'à ce que le dessus soit caramélisé. Servez chaud ou tiède.

variante

Remplacez les pommes par des poires.

truc de cuisinier

Si les pommes attachent pendant la cuisson, arrosez-les d'1 cuillerée à soupe d'eau chaude.

Tartine aux amandes et au citron

bon marché • facile à réaliser • préparation : 15 min • cuisson : 10 min • pour 4 personnes

1 bol
1 plat à four

4 grandes tranches de pain de mie

150 g d'amandes en poudre

1 blanc d'œuf

1 citron non traité

150 g de sucre

1 Préchauffez le four, th. 7 (210 °C). Fouettez le blanc d'œuf avec le sucre jusqu'à ce que la préparation devienne crémeuse, puis incorporez les amandes en poudre.

2 Râpez le zeste du citron, pressez le fruit. Ajoutez-les à la crème.

3 Tartinez généreusement les tranches de pain avec la préparation, déposez-les dans un plat à four et faites cuire pendant 10 minutes environ. Servez chaud ou tiède.

variantes

Ajoutez des écorces d'orange confites à la crème.

truc de cuisinier

Coupez les bords du pain de mie pour une présentation plus esthétique.

Croque noisettes

bon marché • facile à réaliser • préparation : 15 min • cuisson : 10 min • pour 4 personnes

1 casserole
2 assiettes creuses

8 tranches de pain de mie complet

100 g de noisettes entières

100 g de beurre demi-sel

1 Écroûtez les tranches de pain de mie. Beurrez les tranches de pain.

2 Hachez grossièrement les noisettes, mettez-les dans une assiette creuse. Faites fondre le beurre dans une casserole, versez-le sur les noisettes. Mélangez.

3 Tartinez 4 tranches de pain avec le mélange, recouvrez-les avec les 4 tranches de pain restantes.

4 Faites cuire les croques dans l'appareil jusqu'à ce que le pain soit bien doré. Servez tiéde.

variante

Remplacez le pain de mie complet par de la brioche, les noisettes par des amandes.

truc de cuisinier

Clarifiez le beurre avant d'y tremper les tranches de pain, c'est-à-dire enlever avec une petite cuillère le dépôt blanc qui s'est formé à la surface.

Tartine d'ananas au miel et au poivre

bon marché • facile à réaliser • préparation : 10 min • cuisson : 10 min • pour 4 personnes

1 casserole
1 toasteur

8 tranches de pain d'épices

12 tranches d'ananas au sirop

3 cuil. à soupe de miel liquide

1/2 citron non traité

1 cuil. à café de poivre de Sichuan

1. Prélevez le zeste du demi-citron et râpez-le.
2. Égouttez les tranches d'ananas, coupez-les en morceaux.
3. Faites chauffer le miel dans une casserole, ajoutez le zeste de citron et le poivre, puis les morceaux d'ananas. Laissez cuire environ 10 minutes en mélangeant de temps en temps.
4. Toastez les tranches de pain d'épices, répartissez dessus les morceaux d'ananas, arrosez de miel. Servez tiède.

variante

Remplacez le poivre par des clous de girofle ou de l'anis étoilé.

truc de cuisinier

Lavez le citron avant d'en utiliser le zeste pour le débarrasser de la fine pellicule qui le protège.

Croque framboises, amandes et chocolat blanc

bon marché • facile à réaliser • préparation : 10 min • cuisson : 10 min • pour 4 personnes

1 appareil à croque

8 tranches de brioche
200 g de framboises
8 carrés de chocolat blanc
4 cuil. à soupe d'amandes effilées
4 cuil. à soupe de sucre cristallisé
40 g de beurre

Beurrez les deux faces des tranches de brioche, saupoudrez-les de sucre cristallisé.

Déposez sur une tranche des framboises, ajoutez au centre deux carrés de chocolat blanc, saupoudrez d'amandes effilées et recouvrez avec une autre tranche de brioche. Procédez de la même façon pour monter les trois autres croques.

Faites cuire dans l'appareil à croque pendant quelques minutes. La brioche doit être bien dorée.

Tartine de chèvre aux cerises noires

bon marché • facile à réaliser • préparation : 5 min • pour 4 personnes

1 toasteur

4 grandes tranches de pain de campagne
4 cuil. à café de confiture de cerises noires
1 chèvre frais
2 cuil. à soupe de graines de pavot
poivre

Toastez les tranches de pain.

Tartinez-les de fromage frais, poivrez généreusement et disposez au milieu 1 cuillerée à café de confiture.

Parsemez de graines de pavot.

Index des recettes

Croquez salé

Infos mesures

	1 cuil. à café rase	1 cuil. à soupe rase
Beurre	4 g	12 g
Eau	0,5 cl	1 cl
Gruyère râpé		10 g
Huile	5 g	16 g
Miel	5 g	18 g
Sel	5 g	15 g
Sucre	6 g	20 g

Chocolat en morceaux : 1 carré = 5 g
Cacao non sucré : 1 cuil. à soupe = 25 g de chocolat en morceaux = 5 carrés